LASS GEHEN, WAS GEHEN WILL

KORAY TEKTAS

koraytektas.de

ISBN: 9798684482717

WIDMUNG

Die ersten Zeilen möchte ich zunächst dir widmen.
Ich danke dir, dass du dich dazu entschieden hast,
dieses Buch zu kaufen.
Ich hoffe, ich kann dir mit meinen Zeilen helfen.
Viel Spaß beim Lesen!

Koray Tektas

UNSERE ALTEN ZEITEN

Du warst damals der Mensch,
bei dem ich mich sehr wohl gefühlt habe.

Ich denke oft an die Zeit zurück.
An die Zeit, in der wir füreinander da waren,
gegenseitig unsere Wunden geheilt haben
und gemeinsam glücklich waren.

Du warst mein größter Halt und hast mir so gutgetan,
wie niemand zuvor.

Doch dann hast du angefangen,
mich immer mehr von dir wegzustoßen.

Du hast nicht mehr mit mir geredet,
mich nicht mal mehr wirklich wahrgenommen,
bis du mich dann schließlich ganz allein gelassen hast.

Und das einzige, was mir von uns geblieben ist,
ist die Frage, ob du mich wirklich mal geliebt hast.

- koray tektas

Ich hoffe du weißt,
wie viel du eigentlich kaputt gemacht hast.

- koray tektas

UNSERE LIEBE

Unsere Liebe war echt.

Grenzenlos würde ich fast behaupten.
Aber Liebe allein war nicht genug.

Liebe allein konnte zwei kaputte Menschen,
die sich stetig gegenseitig verletzten, ohne es zu wollen,
nicht zusammenhalten.

Liebe konnte nicht reparieren,
was schon lange kaputt war.

- koray tektas

Eine Lüge genügt,
um alle Wahrheiten in Frage zu stellen.

- koray tektas

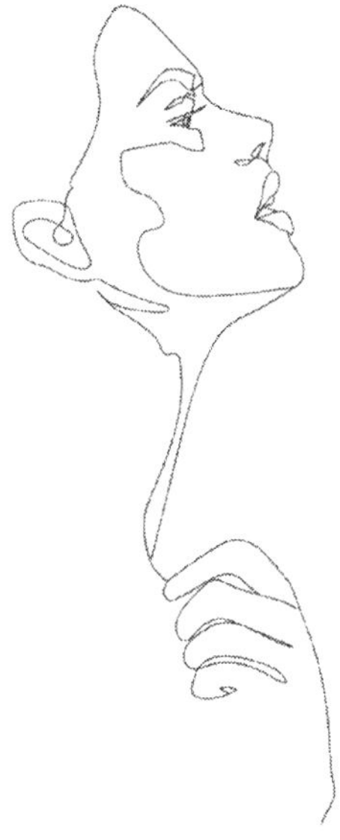

SELBST WENN DU

Selbst wenn du es verdient hättest,
ich könnte dich nie hassen.

Egal wie oft du mich belogen,
verletzt und in Trümmern allein gelassen hast,
nie könnte ich vergessen,
was ich einst für dich gefühlt habe.

Ich könnte nie behaupten, dass du mir nie wichtig warst.

Nie könnte ich lügen und sagen,
dass ich dich nicht vermisst habe.

Es ist egal was du sagst oder wie du es gerne hättest:
Ich könnte dich nie hassen, mein Herz lässt es nicht zu.

- koray tektas

Ganz egal was war,
ich wünsche dir von ganzem Herzen,
dass du findest, was du brauchst.

Sogar, dass du deine Entscheidung
keine Sekunde bereust.

Ich wünsche dir, dass du glücklich bist,
auch wenn du der Mensch bist,
der mich so enttäuscht hat.

- koray tektas

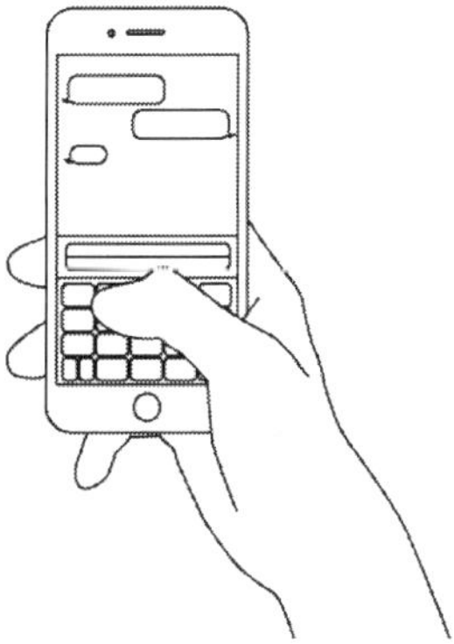

MEINE LETZTE BEZIEHUNG

Meine letzte Beziehung hat mich viel gelehrt.
Sie hat mich gelehrt,
Anzeichen und mein Bauchgefühl nicht zu ignorieren.
Ich habe gelernt, mich selbst zu lieben und niemanden
über mein Glück und meine Träume zu stellen.
Ich habe meinen Wert erkannt.
Ich weiß, was ich will und werde mich nie wieder mit
weniger zufriedengeben.
Ich bereue nichts.
Ich musste diese Lektion durchmachen,
damit ich daraus lerne.

- koray tektas

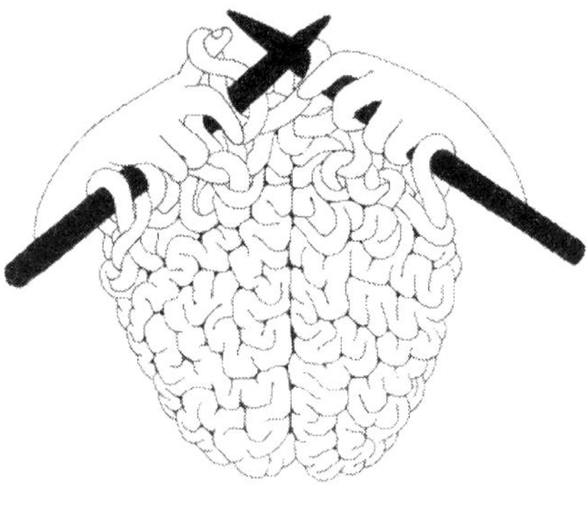

Ich habe etwas verloren,

dass ich dachte zu besitzen.

Und ja, es tut verdammt nochmal weh.

- koray tektas

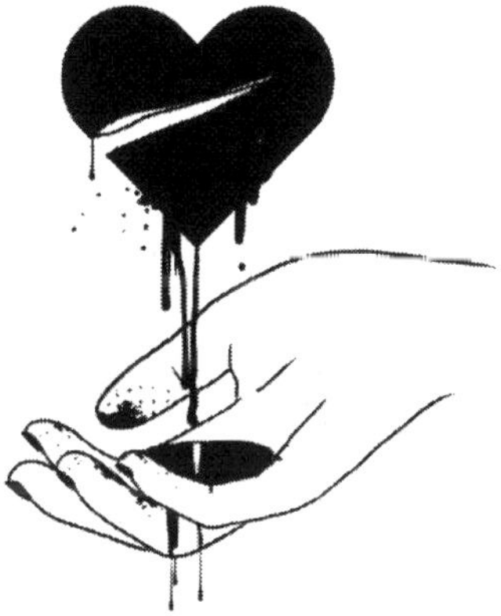

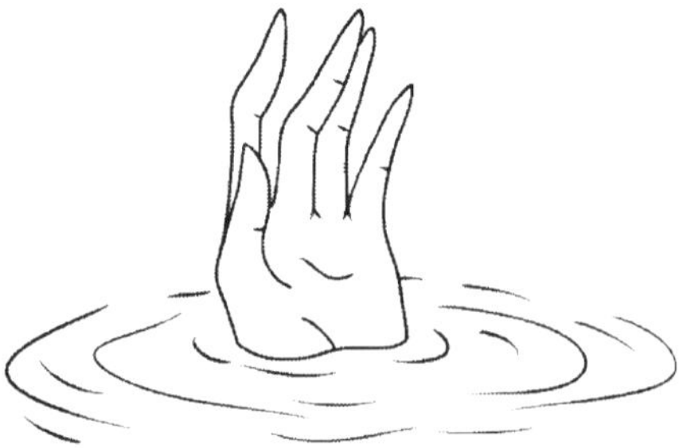

Ich tötete mich Stück für Stück,
um unsere Beziehung am Leben zu halten.
Ich ertrank, um die Person zu retten,
die meinen Kopf immer wieder unter Wasser drückte.

- koray tektas

Ich habe dich verdammt nochmal geliebt,
warum war dir das nicht genug?

- koray tektas

ALBTRAUM TEIL 1

Ich will ehrlich sein,
es hat schrecklich weh getan als du gegangen bist.

Es waren Schmerzen, die kaum erträglich waren.
All die Tage und Wochen ohne dich waren ein
Albtraum.

Jede Nacht habe ich von dir geträumt und davon,
wie du wieder zurückkommst.

Jeden Tag habe ich gewartet,
dass du dich meldest und merkst, dass es ein Fehler war.

Ich bin daran zerbrochen und kaputt gegangen.
Es war als hätte man mir alles genommen.

Ich fühlte mich so unfassbar leer.
Die ganzen Worte, die du zu mir sagtest,
haben mich an den Abgrund getrieben.

Es hat so weh getan, zu wissen,
dass du die Sache mit uns bereut hast…

- koray tektas

ALBTRAUM TEIL 2

Es hat lange gedauert,
damit auch nur ansatzweise klar zu kommen.

Es war schwer,
dass alles zu akzeptieren und so hinzunehmen.

Aber irgendwann,
von dem einen auf den anderen Tag,
war der Schmerz weg.

Nicht komplett, aber er wurde so abgeschwächt,
dass ich ihn kaum noch spürte
und das hat mich stark gemacht.

All die Augenblicke, in denen ich um dich geweint habe,
in denen ich am Verzweifeln war,
weil ich dich wiederhaben wollte,
haben aus mir einen Menschen gemacht,
der nun stärker ist als je zuvor.

Ich habe zwar dich verloren, eine Person,
die ich über alles geliebt habe,
aber dadurch habe ich mich gefunden.

- koray tektas

DER TRAUM

Fast hätte ich dich vergessen,
doch dann war da dieser Traum.

Deine Augen sahen in meine und
ich fühl mich erneut verloren, so wie damals.

- koray tektas

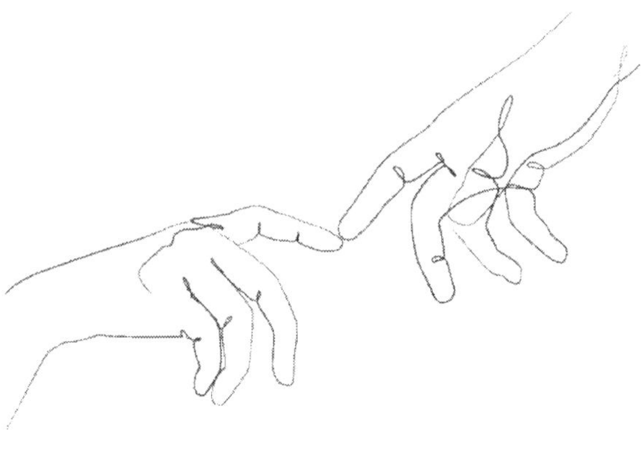

Schlaf hilft nicht,
wenn es deine Seele ist,
die müde ist.

- koray tektas

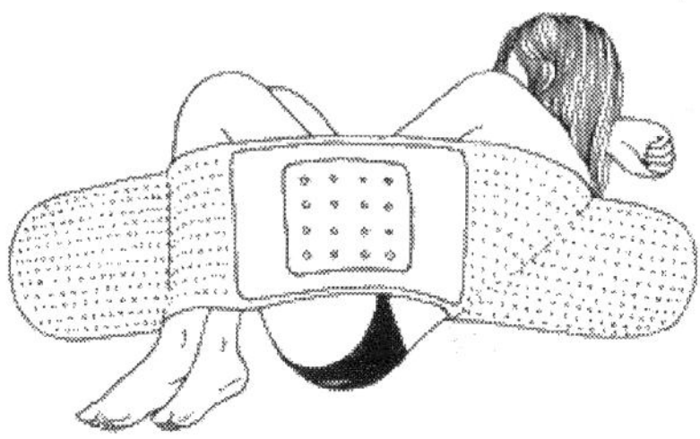

ICH MUSS AUFHÖREN

Ich habe dich geliebt,
mehr als mein Leben, mehr als alles andere.

Ganz egal, wie oft du mich verletzt und enttäuscht hast,
ich habe immer um dich gekämpft.

Ich habe zu viel Kraft und Nerven
in diese Sache investiert,
die von Anfang an zum Scheitern verurteilt war.

Und auch wenn ich jetzt aufhöre zu kämpfen,
will ich, dass du weißt, dass ich dich liebe,
aber ich einfach nicht mehr kann.

- koray tektas

Werde niemals aufhören
mir auszumalen,
wie es hätte werden können.

- koray tektas

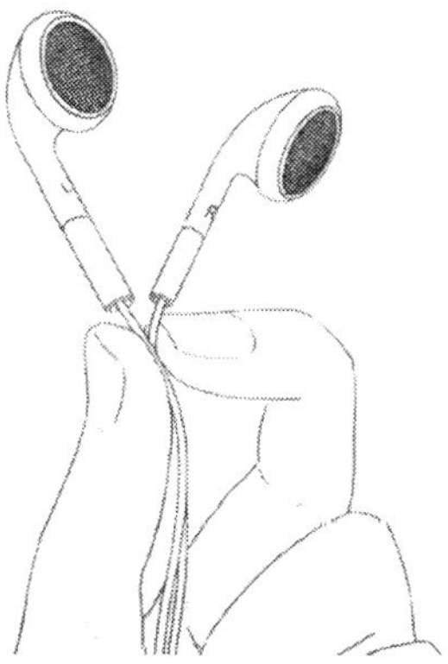

ICH WARTE

Ich warte auf diesen einen Tag, an dem du bereuen wirst,
mich gehen gelassen zu haben.

An diesem Tag wirst du sehen,
dass ich auch ohne dich glücklich bin.
Du wirst weinen,
während ich schon wieder glücklich bin.

Kannst du dich erinnern, als das noch andersherum war?

-

Eine Frage, wer wird dich jetzt zum Lachen bringen?

Wo sind deine Freunde, die mich dir ausgeredet haben?

Wer wird jetzt an schlechten Zeiten,
an deiner Seite sein?

Doch merk dir, du wolltest es so.

- koray tektas

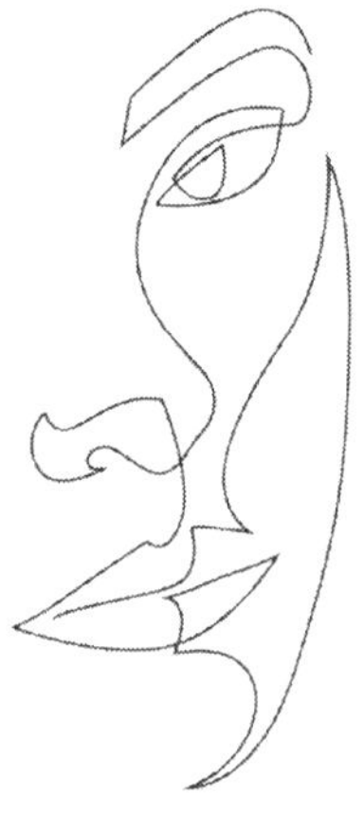

AN MEIN HERZ:

Vergib mir,
aber ich habe deinen Mörder sehr geliebt.

- koray tektas

DU HAST UNS AUFGEGEBEN

Eines kann ich dir versprechen,
ich wäre bei Gott niemals auf die Idee gekommen
dich zu ignorieren, so kalt und desinteressiert zu sein
oder dir so deutlich zu zeigen,
dass es mir eigentlich völlig egal ist,
wo du bist, was du machst und wie es dir geht.

Und genau das hätte ich auch von dir niemals erwartet.

Manchmal vermisse ich unsere gemeinsame Zeit,
doch dann fällt mir wieder ein,
wieso es mit uns nicht funktioniert hat.

Es war dein Charakter, der mich von dir entfernte.

Ich wäre für dich durch jedes Feuer dieser Welt
gegangen, doch du hast uns aufgegeben.

Du bist gegangen, hast mich kaputt gemacht und das
Schlimmste daran ist, dass ich wirklich dachte,
dass ich es verdient habe.

Letzten Endes bin ich gegangen,
weil ich gehen musste, mit all der Liebe in mir,
die ich eigentlich nur dir geben wollte.

- koray tektas

Mit der Zeit wurde mir klar,
dass es Menschen gibt, die in den Brunnen,
aus dem sie getrunken haben,
Steine werfen.

- koray tektas

LERNE ALLEIN ZU BLEIBEN

Nutze niemals einen Menschen aus,
um über einen anderen hinwegzukommen.

Nutze niemals jemanden aus,
nur weil er dir ein gutes Gefühl gibt,
du aber noch nicht über diese eine,
bestimmte Person hinweg bist.

Lass nicht zu,
dass dich ein Mensch zu einer Priorität macht,
der für dich nur eine Option ist.

Lerne allein zu bleiben
und mache anderen keine Hoffnung,
wenn du selbst nicht weißt was du willst
oder du noch an einer anderen Person hängst.

Lass die Tür zu deinem Herzen zu,
wenn du das Schloss noch nicht gewechselt hast
und dieser eine Mensch noch den Schlüssel dazu hat.

- koray tektas

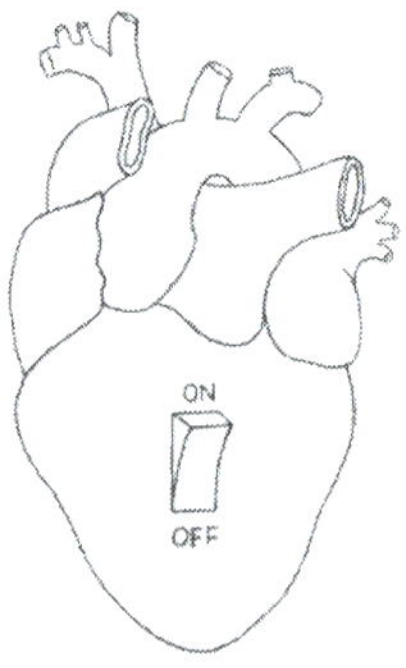

Vergieße keine Hoffnung,
wenn du die Rose dann vertrocknen lässt.

- koray tektas

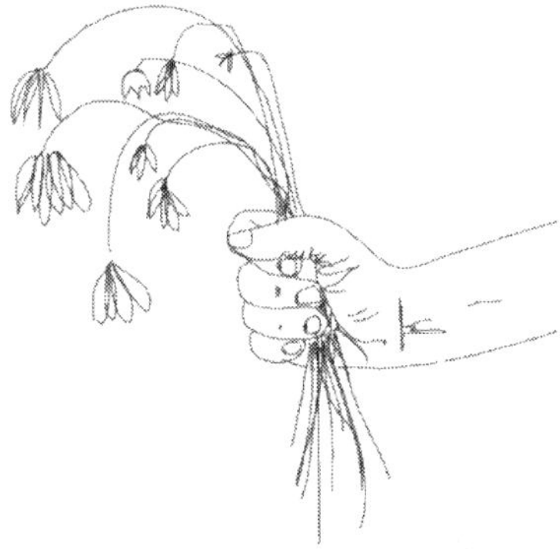

Jeder von uns sucht diese eine Person, die einen so liebt,
wie man ist, die einen nicht ändern möchte.
Diese eine Person, die sogar die Angewohnheiten,
welche man selbst als schlecht empfindet,
als liebenswert beschreibt, die einen zum Lachen bringt
und diese Person, die dir zeigt,
dass alles doch gar nicht so scheiße ist.

- koray tektas

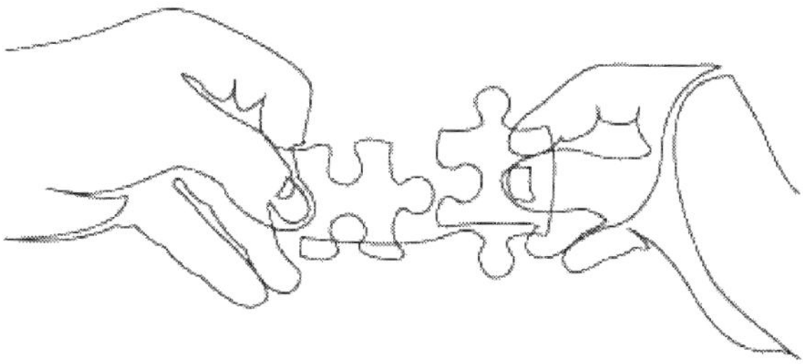

Irgendwann werden wir finden, was wir suchen.
Aber was, wenn ich immer nur dich finden wollte?

- koray tektas

Traurig, wenn man darüber nachdenkt,
was alles passiert.

Menschen, mit denen du deine schönsten Momente
verbracht hattest,
werden eines Tages wie Fremde an dir vorbeilaufen.

Sie werden über dich reden,
genauso, wie sie es einst bei dir über andere getan haben.

Sie werden ihre gegebenen Versprechen brechen und
Dinge, die du ihnen anvertraut hast weitererzählen.

Das ist der Lauf der Dinge.

- koray tektas

Die kältesten Menschen besaßen einst,
die weichsten Herzen.

- koray tektas

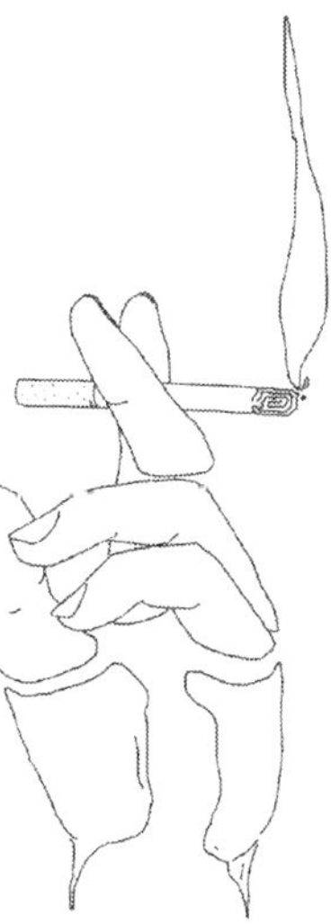

Du vergibst Menschen oft,
obwohl sie es nicht einmal verdient haben.

Die Angst, diesen Menschen verlieren zu können,
bringt dich dazu.

Du hast dich an ihn gewöhnt und siehst immer noch
das Gute in ihm.
Erhoffst dir bei jedem Mal, wenn du ihm wieder
verzeihst, dass er sich für dich ändern wird.
Doch tief im Inneren weißt du – er wird es nicht.

Dieses Gefühl der Enttäuschung zerfrisst dich innerlich
immer mehr und mehr.

Auch wenn du zu ihm sagst:
„Ich verzeihe dir das letzte Mal.“, glaub mir,
du wirst es wieder tun.

- koray tektas

Du hast mich angezündet und ich habe mich fürs Brennen entschuldigt.

- koray tektas

IM ENDEFFEKT

Im Endeffekt wünsche ich mir,
dass ich dich nie kennengelernt hätte.
Denn dann wüsste ich nicht, was ich vermissen sollte.

Nun fehlst du jede Sekunde,
in der ich eigentlich keine Ahnung hätte,
dass du überhaupt existierst.

Ich frage mich, warum das Schicksal es so wollte,
dass wir uns begegnen.
Denn mehr als Schmerz und Sehnsucht,
hatte ich davon nicht.

Ich war mal der Meinung,
dass es alles einen Sinn hat,
doch ich weiß bis heute nicht,
warum alles so kam, wie es kam.

Ich wünsche mir nicht mehr,
dass du zurückkommst,
denn um glücklich zu sein brauche ich dich nicht mehr.

- koray tektas

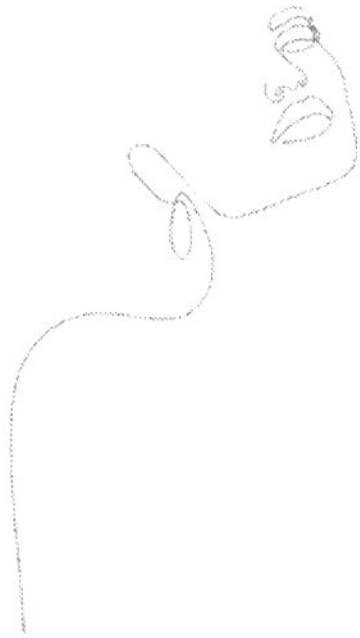

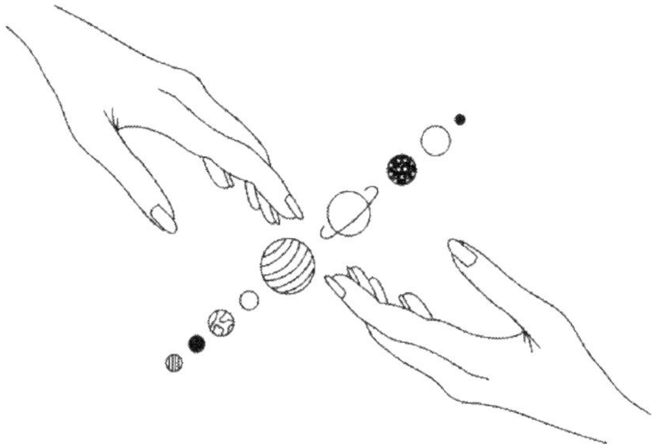

Du warst so vieles für mich,
doch heute sind wir nur noch Fremde.

- koray tektas

LANGE GEWÜNSCHT

Ich habe mir lange gewünscht, dass du zurückkommst.

Ich habe mir lange gewünscht,
dass ich auf einmal eine Nachricht von dir bekomme,
in der du bedauerst, was passiert ist.

Ich habe mir lange gewünscht,
dass du dich auf einmal entschuldigst und mir sagst,
dass dir klar geworden ist,
dass du mich brauchst.
Dass du in mich verliebt bist.
Dass du mit mir zusammen sein willst.

Ich habe mir lange gewünscht,
dass du zurückkommst und alles so wird wie früher
oder noch besser.

Ich habe mir lange gewünscht,
dass du wiederkommst und mir meine Narben heilst.

- koray tektas

Jemand der dich wirklich liebt,
wird einen Weg finden, um bei dir zu bleiben.
Würde sogar sich selbst verlassen,
um zu dir zu kommen.

- koray tektas

TAGE, WOCHEN, MONATE

Tage, Wochen, Monate vergingen,
es kam nichts von dir.
Kein Anruf von dir, nicht mal eine Nachricht.

Nicht die Frage danach,
wie es mir geht und nicht dein Bedauern über das,
was passiert ist.

Nichts davon.
Doch irgendwann wurde es mir klar.

Du hast mich vergessen.
Du bedauerst nichts.
Deine Liebe zu mir war nicht echt.
Sie war es nie.

Du wirst nicht zurückkommen.
Und das ist okay.

- koray tektas

Ich versuche dich zu vergessen und warte gleichzeitig
immer noch darauf, dass du zurückkommst.

- koray tektas

DICH ZU LIEBEN

Dich zu lieben hat mich zerstört.

Es war keine glückliche Liebe,
mit Schmetterlingen im Bauch
und schlaflosen Nächten vor Glück.

Es war eine Liebe,
die von meiner Abhängigkeit zu dir geprägt war.

Du hast mit der Macht gespielt,
die du dadurch bekommen hast.

Es war eine Liebe,
in der du deine Macht über mich ausgenutzt hast,
mich ausgenutzt hast, mich benutzt hast
und mich zu guter Letzt zerstört hast.

Es war eine Liebe, die mich krank gemacht hat.
Deshalb bin ich froh, dass du nun fort bist.

Denn erst am Ende habe ich gemerkt,
wie eingesperrt ich durch diese Liebe letzten Endes war.

- koray tektas

Sag besser nichts,
wenn der, den du liebst, dich verletzt.

Denn wenn deine Liebe nicht ausreicht,
werden es deine Worte auch nicht tun.

- koray tektas

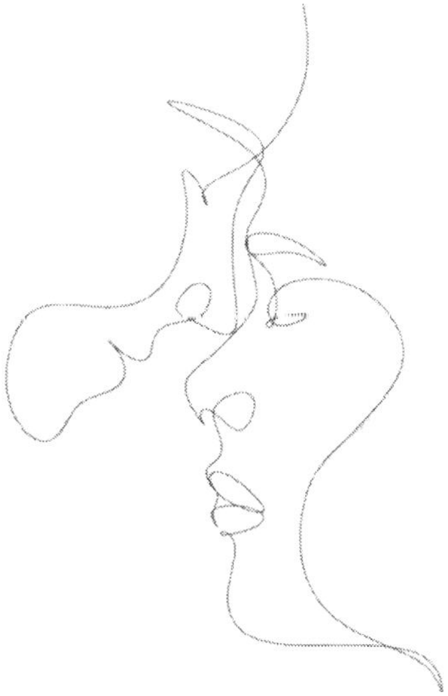

WIE EINFACH

Es ist krass zu sehen,
wie einfach du mit uns abschließen konntest.

Wie du einfach so tun konntest,
als wäre da nie etwas gewesen.

Als hätte da niemals eine Verbindung
zwischen uns existiert.

Es ist krass zu sehen,
wie einfach du alles hinwerfen konntest.

- koray tektas

Notiz an dich:

Wer liebt,
kann nie vergessen,
wer vergisst hat nie geliebt.

- koray tektas

MANCHMAL

Manchmal,
wenn ich mich unendlich einsam fühle,
denke ich an dich und daran,
wie du mich angesehen hast.

Ich denke daran,
wie du mich festgehalten hast
und das gibt mir Hoffnung,
dass es irgendwann wieder jemanden geben kann,
der mich so ansieht und mich so festhält,
dass all die zerbrochenen Teile meines Herzens
wieder zusammenfinden.

- koray tektas

Wenn sie dir ihre Liebe schenkt,
dann halte deine Blicke vor anderen Frauen gesenkt.

- koray tektas

WIR HÄTTEN

Wir hätten es versuchen können,
denn wer weiß schon, was aus uns geworden wäre?

Vielleicht hätte es funktioniert und
wir wären glücklich geworden.

Ich hätte mir eine weitere Enttäuschung erspart
und du hättest jemanden,
der dich von ganzem Herzen liebt.

Jemand, der alles für dich getan hätte,
aber du hast uns aufgegeben,
bevor du es überhaupt versucht hast.

Du hast uns keine Chance gegeben.

Du hast dich dazu entschieden zu gehen
und egal wie weh es auch tut, ich muss damit leben.

- koray tektas

Habe stets jeden
von mir weggestoßen,
weil keiner von ihnen du war.

- koray tektas

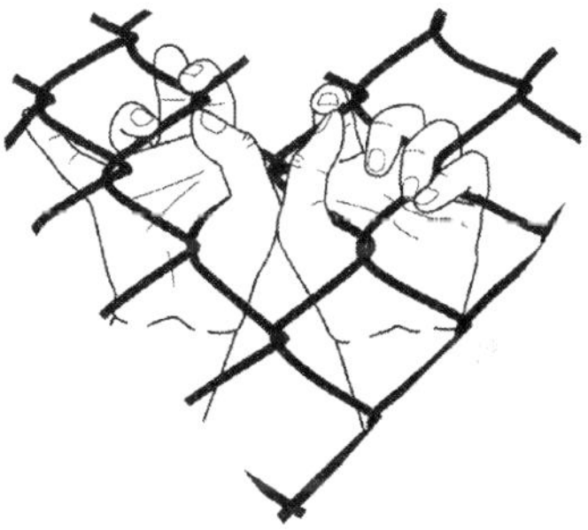

03:00 UHR

Weißt du,
wie schwer es für mich geworden ist,
einschlafen zu können?

Du tauchst immer wieder in meinen Träumen auf,
sodass ich mittlerweile Angst habe zu schlafen.

Denn der Schmerz, den ich spüre, wenn ich aufwache,
ist genauso groß wie der,
als du mich damals verlassen hast.

Ich will nicht mehr schlafen,
weil ich es nicht mehr ertrage, von dir zu träumen.

Es fühlt sich so an,
als würde ich dich immer wieder aufs Neue verlieren.

- koray tektas

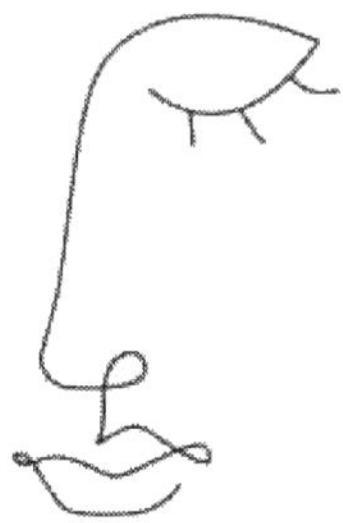

Ich hatte nicht vor mich zu verlieben,
doch es ist trotzdem passiert.

Du wolltest mir nicht weh tun,
doch es ist trotzdem passiert.

- koray tektas

MANCHMAL

Manchmal muss man Dinge aufgeben.
Menschen aufgeben, sie loslassen, gehen lassen.

Manchmal gibt es keine Hoffnung mehr,
so sehr man es sich auch wünscht.

Manchmal muss man sich eingestehen,
dass es vorbei ist, um endlich weiter zu leben.

Es hat keinen Sinn,
jemandem hinterherzulaufen, der längst fort ist.

Das Leben geht weiter und wird neue Türen zeigen,
jemand neues in dein Leben bringen,
an den man ununterbrochen denken kann
und der einen nicht unglücklich macht.

- koray tektas

Du hast mich nicht geschätzt,
als ich da war,
also vermiss mich nicht,
wenn ich gehe.

- koray tektas

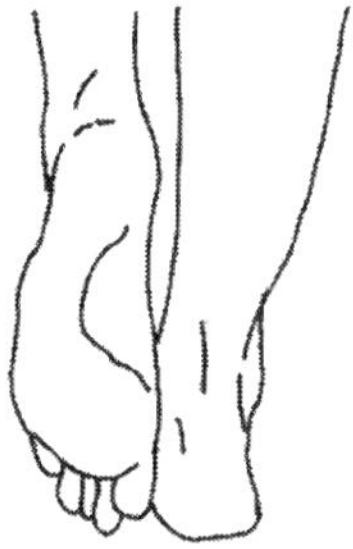

2 DINGE MACHEN EINEN MANN AUS:

1.) Sein Beschützerinstinkt, wenn er bei ihr ist.

2.) Seine Loyalität, wenn sie nicht bei ihm ist.

Es waren nicht deine Worte,
die mich innerlich getötet haben,
sondern die Tatsache,
dass ich mich so in dir getäuscht habe.

- koray tektas

5 DINGE, DIE FRAUEN WOLLEN:

1. Guten Morgen- / Gute Nacht-Texte.

2. Lange, tiefgründige Gespräche.

3. Kleine Überraschungen.

4. Einen Mann, der sich Zeit für sie nimmt.

5. Einen Mann, der sie nicht verlässt.

- koray tektas

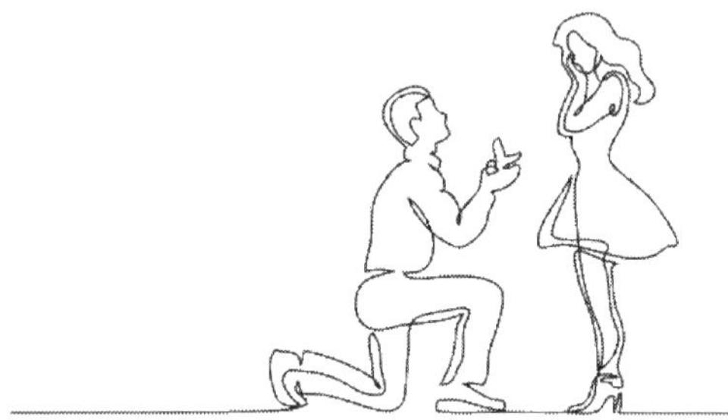

Vergiss nicht:
Zwischen unserer
ersten und letzten Begegnung,
war Liebe,
sehr viel Liebe.

- koray tektas

„Wir werden gemeinsam eine Lösung finden,
denn ich kann und will dich nicht verlieren.“

-

Ein Satz,
der in Beziehungen viel öfter fallen sollte.

- koray tektas

Viel zu oft,
habe ich Kämpfe in meinem Leben geführt,
für Menschen, die für mich niemals
in den Krieg gezogen wären.

- koray tektas

Bereue niemals,
dass du Menschen Gutes getan hast,
auch wenn sie sich von dir entfernt haben.

Mit der Zeit werden sie sich verbittert
deine Anwesenheit wünschen.

- koray tektas

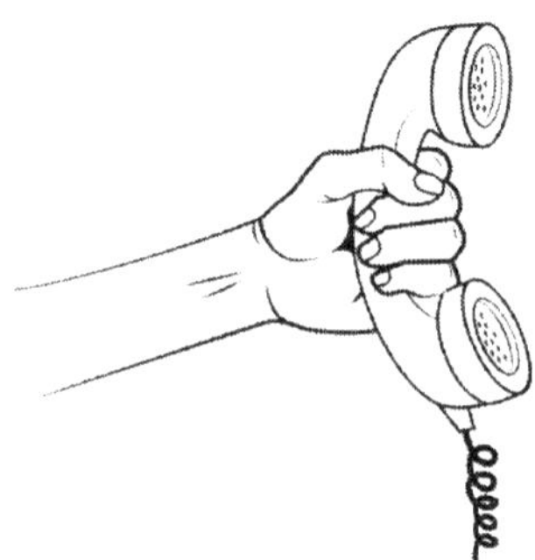

Ganz egal, wie oft wir uns gestritten haben,
ich habe immer nur deinen Namen in
meinem Herzen getragen.
Ich wollte immer nur,
dass du einzig und allein mir gehörst.
Ich habe dir eben zu oft vertraut.
Viel zu oft, das Gute in dir gesehen und nicht gemerkt,
wie falsch du dabei eigentlich warst.

- koray tektas

MERK DIR:

„Gott trennt dich von jedem, der dir schadet."

- koray tektas

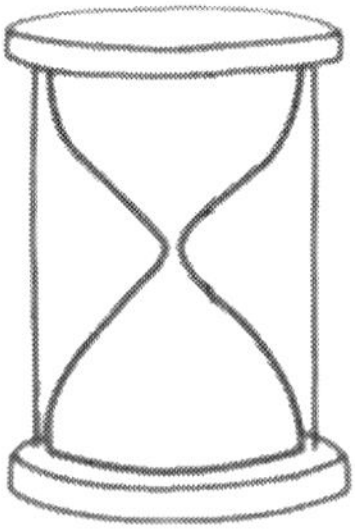

Eine Frau wird in der Regel alles dafür getan haben, damit die Beziehung gut läuft.

Deshalb bereut sie es heute auch nicht, wenn sie sich dazu entscheidet zu gehen.

- koray tektas

Heutzutage dreht sich alles nur noch um Sex
und wer den schönsten Körper hat.
Die meisten lieben nur noch mit den Augen.

- koray tektas

FREMDGEHEN ERKLÄRT:

Egal ob Mann oder Frau,
wer fremdgeht verliert seine Ehre
und ermordet das Vertrauen des anderen.

- koray tektas

SO OFT

So oft sagtest du, dass du mich gar nicht verdienst.

Du hattest Recht,
du hast keinen einzigen Moment mit mir verdient.

Nie gut genug für jemanden gewesen zu sein,
hat mich am Meisten kaputt gemacht.

Ich wünsche dir für deine Zukunft nichts Schlechtes.
Es soll nur jemand in dein Leben treten,
der dich so behandelt, wie du mich behandelt hast.

Unsere Liebe war nie einfach,
aber die einzige Sache,
bei der ich mir im Leben wirklich sicher war.

Wenn ich eins in meinem Leben gelernt habe,
dann, dass es manchmal egal ist,
wie stark die Liebe zweier Menschen ist,
denn unkaputtbar ist sie nicht.

- koray tektas

Eine Frau entscheidet sich
nicht einfach über Nacht dich zu verlassen.

Du hast es dir schon eine ganze Weile davor versaut.

- koray tektas

BLEIBST DU?

Bleibst du an meiner Seite, wenn ich schwierig werde?

Bleibst du, wenn ich Fehler mache, schlechte Laune habe oder abweisend bin?

Bleibst du bei mir, egal wie heftig wir gestritten haben?

Wenn ich aus Wut sage, dass du gehen sollst,
würdest du trotzdem an meiner Seite bleiben und sagen,
dass du mich nicht verlassen wirst?

Bleibst du, egal was kommt?

- koray tektas

Bevor du von einer Frau verlangst,
dass sie nur Augen für dich hat,
solltest du ihr zeigen,
dass deine Blicke nur ihr gehören.

- koray tektas

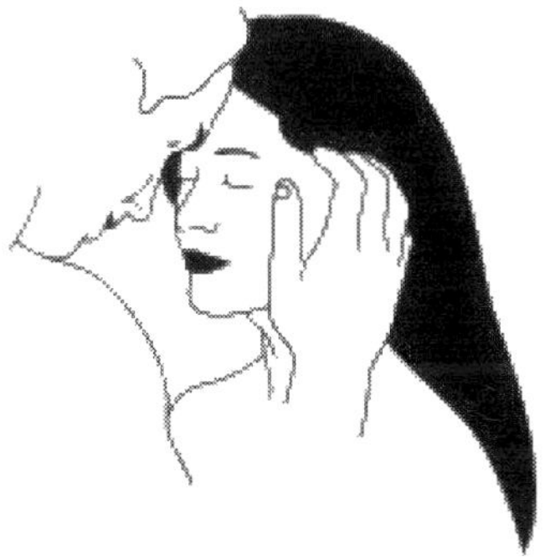

Eine Frau könnte
dich zu Tode lieben
und trotzdem nie wieder mit dir reden.

- koray tektas

Vielleicht wirst jemanden finden, der dir mehr Freiraum gibt und vieles lockerer sieht.

-

Aber wird diese Person auch so treu sein,
wie ich es war?

- koray tektas

DU HAST MICH NIE VERDIENT

Spar dir deine Worte, es ist zu spät.
Das alles hast du dir selbst zu verdanken.

Ich werde keine Gedanken mehr für dich verschwenden.
Heute weiß ich, du hast mich nie verdient.

Ich hab gedacht, dass ich nicht genug für dich bin.
Heute weiß ich, dass du nicht genug für mich warst.

- koray tektas

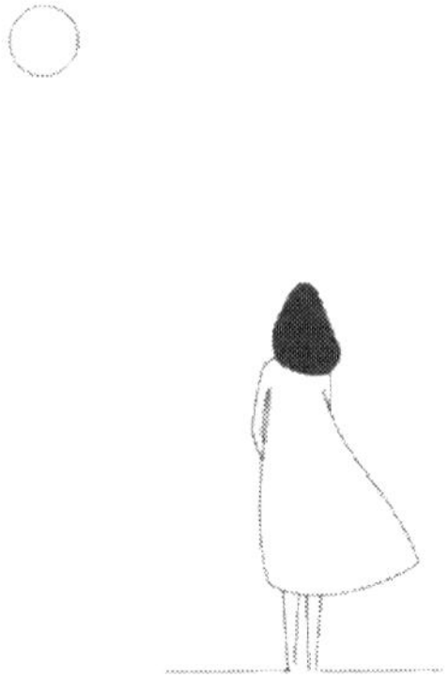

Hattest du nicht Angst mich zu verlieren?

Warum bist du dann plötzlich gegangen
und hast mich allein gelassen?

- koray tektas

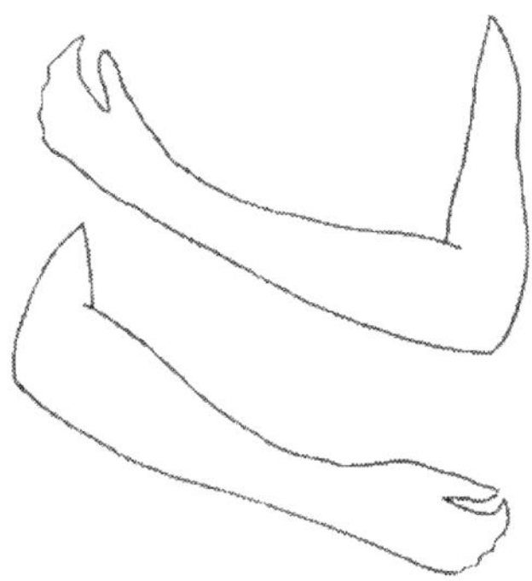

WARUM ICH SIE NICHT SCHLAMPE NENNE?

Ja, sie hat mich verlassen.
Ja, sie hat einen neuen Freund.
Ja, sie hat mich zum Schluss nicht respektiert und Dinge getan, die man seinem Partner nicht antut.

Aber ich habe sie mal über alles geliebt.

Nur ein kleiner Junge beleidigt die Frau,
die er noch Wochen zuvor geliebt hat.

Doch tut mir einen Gefallen, dann redet nicht von Liebe!

Ein wahrer Mann ist dankbar für die guten Zeiten,
die er gemeinsam mit dieser Frau hatte.

Deshalb möchte ich mich bei dir für die schöne Zeit nochmal bedanken.
Egal ob deine Liebe echt war oder nicht,
du hast mich für eine Zeit lang so glücklich gemacht.

Wenn ein Mensch dich schlecht behandelt,
obwohl du gut zu ihm warst,
wird er sich irgendwann,
wenn er zurückblickt dafür schämen und es bereuen.

- koray tektas

Vergiss nicht,
als der Rest der Welt dich nicht wollte,
habe ich dir beigestanden.

- koray tektas

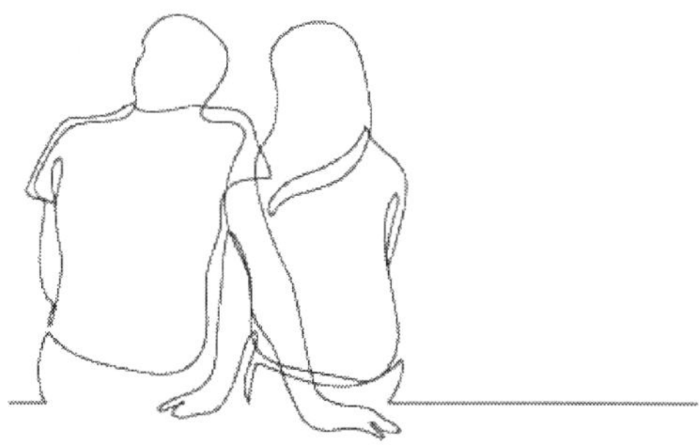

Der, der weinte wird lachen und der, der verletzt hat
wird verletzt.

-

Ich nenne das „Gottes Erinnerung an deine Taten“.

- koray tektas

Ich bin mir sicher,
dass niemand meinen Platz ersetzen wird
und du meine Augen, in jedem Menschen,
dem du begegnest suchen wirst.

- koray tektas

ALLES IN ORDNUNG

Neulich, da bin ich an einem Punkt,
in meinem Leben angekommen,
an dem ich beschlossen habe, dass alles in Ordnung ist.

Ich bin ich ein tiefes Loch gefallen, als du gegangen bist.

Ich habe versucht hinaufzuklettern
und bin erneut abgestürzt, immer wieder.

Die Erinnerungen an früher, haben mich verfolgt.

Manchmal denke ich zurück an die Zeit,
in der du noch ein Teil meines Lebens warst
und ich muss lächeln.

Manchmal denke ich zurück an die Zeit,
in der du noch ein Teil meines Lebens warst
und ich muss weinen.

Aber das ist in Ordnung.
Es ist in Ordnung dich noch zu vermissen
und es ist okay die Vergangenheit zu vermissen.

Wichtig ist nur,
dass ich mich nun damit abgefunden habe.

- koray tektas

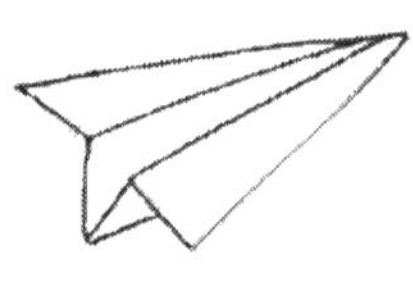

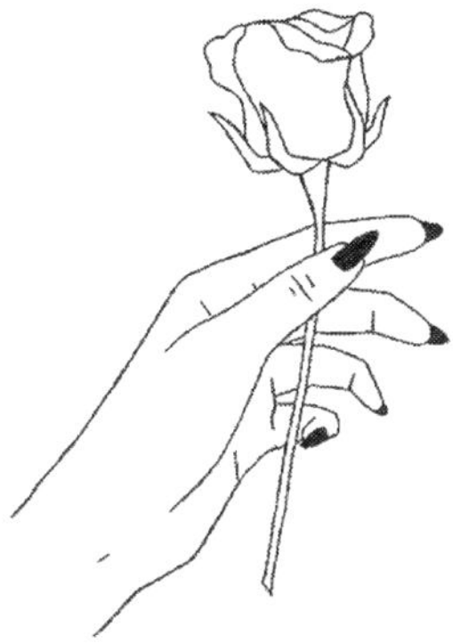

Du bist weg und es ist in Ordnung,
denn ich lebe weiter.

-

Ich verschwende meine Zeit nicht mehr damit zu hoffen,
dass sich etwas ändert.

- koray tektas

NIE WIRKLICH EGAL

Jemand, den du mal von ganzem Herzen geliebt hast,
wird dir nie wirklich egal sein.

Die Gefühle sind zwar nicht mehr so stark wie früher,
aber unterbewusst sind sie immer noch da.

Liebe verschwindet nicht einfach.

Wenn der Name unter hunderten fällt,
horchst du immer noch auf.

Das Lied, bei dem du früher immer an ihn gedacht hast,
überspringst du, weil du dich nicht erinnern willst.

Das Gesicht über den Raum hinweg,
zwischen den Menschenmassen zu finden,
wird für dich immer noch ein Leichtes sein.

Du wirst wieder jemanden lieben, jemand anderen.
Aber manche Gefühle werden immer da sein.

- koray tektas

Gott ist mein Zeuge:
Trotz eurer Taten und Worte,
habe ich keinem von euch,
jemals etwas Schlechtes gewünscht.

- koray tektas

ICH LIEBE DICH

Ich liebe dich und aus diesem Grund,
werde ich dich jetzt loslassen.

Ich gebe dich frei und werde nie wieder
in dein Leben treten.

Auch wenn es mir das Herz bricht, will ich einfach,
dass du glücklich bist.

Und wenn ich schon nicht glücklich sein kann,
dann sei es wenigstens du.

Ich liebe dich, aber es ist vorbei und ich denke,
dass es so sein muss, egal wie sehr es mir weh tut.

- koray tektas

Bereue es nie, eine gute Frau
zu dem falschen Mann gewesen zu sein.

Im Endeffekt hat er verloren.

- koray tektas

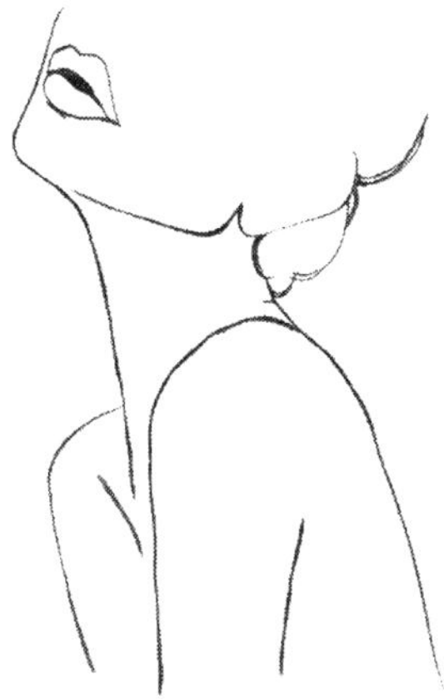

ES TUT MIR LEID

Ich weiß, ich habe gesagt, dass wir alles schaffen
können, aber anscheinend habe ich mich getäuscht.

Diese Beziehung hat mich kaputt gemacht
und ich denke,
ich muss jetzt meinen Weg gehen und du deinen.

Es liegt weder an dir noch an mir.

Es liegt einfach an allem anderen.

Ich kann wirklich nicht mehr,
ich hab es oft versucht,
aber es geht nicht.

Es tut mir so leid.
Ich hoffe, du verstehst mich.

- koray tektas

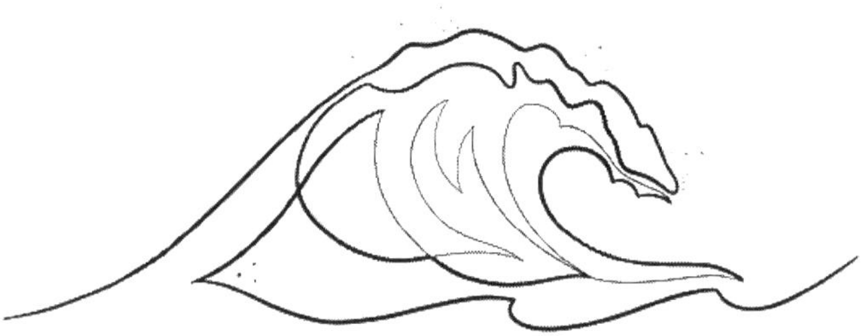

Ihr Schweigen sprach mehr als tausend Worte,
doch er hat sie einfach nie gehört.

- koray tektas

Ja, ich überdenke sehr viele Dinge.
Aber nicht, weil ich traurig sein will.

Ich fühle einfach zu viel.

- koray tektas

Ich denke,
ein Teil von mir,
wird immer auf dich warten.

- koray tektas

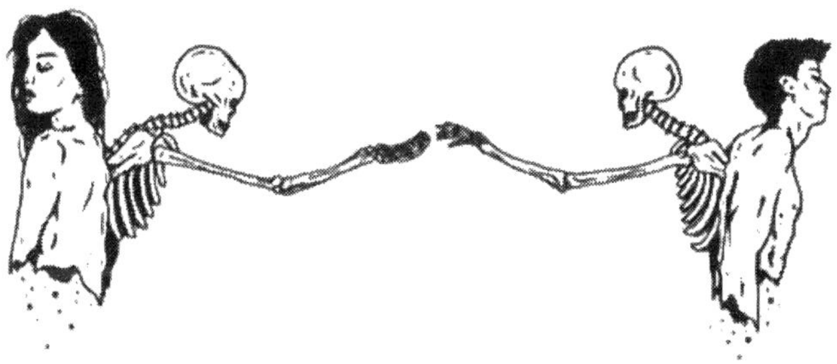

Was ist schon stärker,
als das Herz,
dass immer wieder zerbricht
und dennoch liebt?

- koray tektas

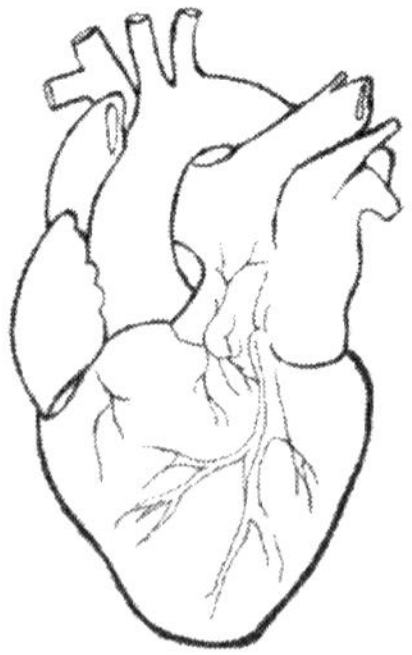

Du hast mich verlassen
und ich wollte dich immer noch.
Obwohl ich jemanden verdiente,
der von Anfang an bereit war zu bleiben.

- koray tektas

Eines Tages wirst du erkennen,
dass es einige Menschen gibt,
die nicht für dich bestimmt sind.

Eines Tages wirst du weitergehen müssen
und manchmal ist das Wichtigste,
was du tun musst,
einige Menschen loszulassen.

- koray tektas

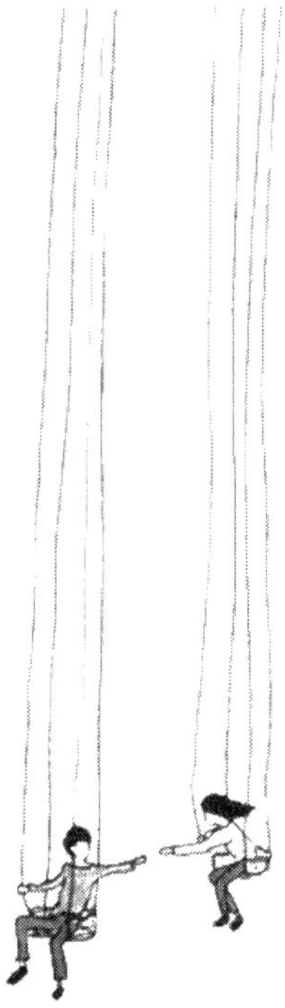

Ich wünschte,
du wüsstest,
wie sehr es mich zerstört hat,
als du gegangen bist.

- koray tektas

„VERMISST DU JEMANDEN?"

Und sie fragen mich: „Vermisst du jemanden?".

Ich lache, weil ich mir nichts anmerken lassen möchte.

Sie sagen: „Ohne diesen Menschen bist du besser dran."

Genau das weiß ich heute auch,
jedoch versteht niemand,
dass man einen Menschen vermissen kann,
ohne ihn zurückzuwollen.

Indem du gingst, hast du mich aus einem Loch befreit.

Ich war so geblendet von deiner falschen Liebe,
dass ich nicht einmal wusste, wie tief ich darin stecke.

Dafür kann ich dir nicht genug danken,
danke das du gegangen bist.

Ich bin mittlerweile in einem Alter,
in dem ich keine Zeit mehr für Menschen habe,
die nichts von Ehrlichkeit und Loyalität verstehen.

- koray tektas

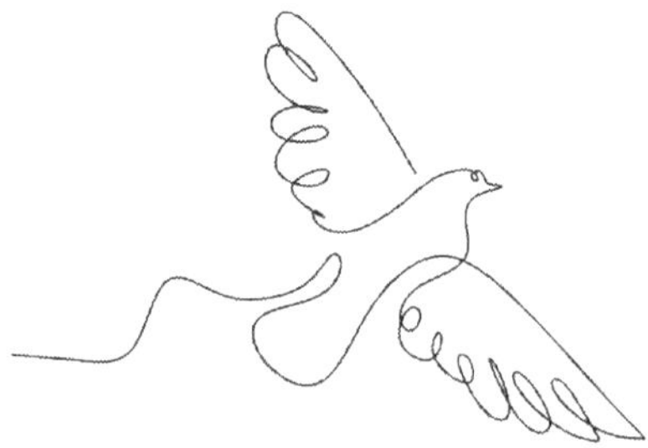

Sag mir,
wie hast du als du fremdgegangen bist,
in uns beiden noch einen Sinn gesehen?

- koray tektas

WAS HAST DU GEWONNEN?

Sagen wir mal, ich hätte verloren,
doch erklär mir dann bitte was du gewonnen hast.

-

Bei dem Verlust von jemanden, der dich mehr als alles andere geliebt hat, was hast du gewonnen?

- koray tektas

Wie konntest du nur
mein Herz verlassen,
obwohl du ganz genau wusstest,
dass es nur für dich schlägt?

- koray tektas

Eine Frau kann sich trotz ihrer Liebe
umdrehen und dich verlassen.

Und wenn sie erst einmal über dich hinweg ist,
gibt es keine Kraft der Welt,
die sie zurück in deine Arme bringen kann.

- koray tektas

Es schien
alles so perfekt,
aber endete.

In so kurzer Zeit.

- koray tektas

AN MANCHEN TAGEN

An manchen Tagen war ich mir sicher:
Jetzt habe ich losgelassen,
ich bin endlich darüber hinweg.

Und an manchen Tagen fühlt es sich so an,
als wäre kein einziger Tag vergangen,
seitdem du mich verlassen hast.

Als hätte ich nicht monatelang versucht loszulassen.

Manchmal ist es anstrengend und so unglaublich schwer,
loszulassen.

“Lass los!”, das sagt sich so leicht.

Man kann nicht einfach “loslassen”.
Das passiert nicht so von jetzt auf gleich.
Es braucht Zeit.

Jeden Tag lässt man ein bisschen mehr los.

“Lass los!”, sagen sie.
Das werde ich, aber bis ich wirklich losgelassen habe,
kann es noch eine ganze Weile dauern.

Und manchmal frage ich mich,
ob ich wirklich jemals komplett loslassen kann…

- koray tektas

Ich wäre für dich gestorben,
doch du warst mein Mörder.

- koray tektas

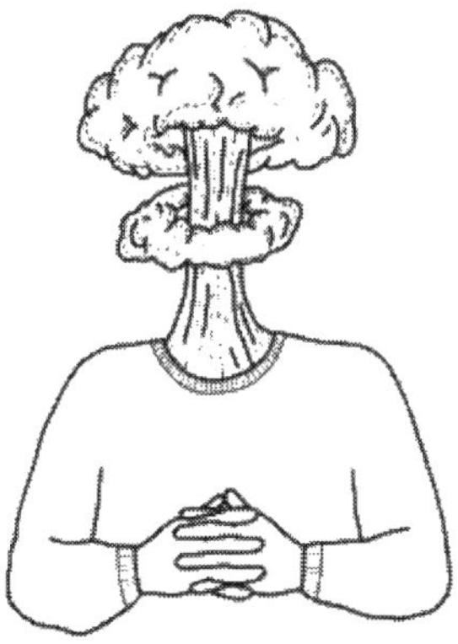

VERPASSTE LIEBE

Wenn sich zwei Menschen lieben
oder auch nur anfangen sich ineinander zu verlieben,
ist das die schönste Sache der Welt.

Die schrecklichste Sache der Welt ist,
wenn beide den Moment verpassen, sich das zu sagen.

Wenn beide danach wissen,
dieser eine Moment kann nicht zurückgeholt werden.

Wenn beide realisieren,
die Chance auf Liebe verpasst zu haben.

Aber eins ist sicher:
Es wird immer einen geben,
der vergisst und das Interesse verliert
und einen der hinterhertrauert und sich abends im Bett
alle möglichen Szenarien ausmalt,
wie sie sich wiedertreffen könnten.

- koray tektas

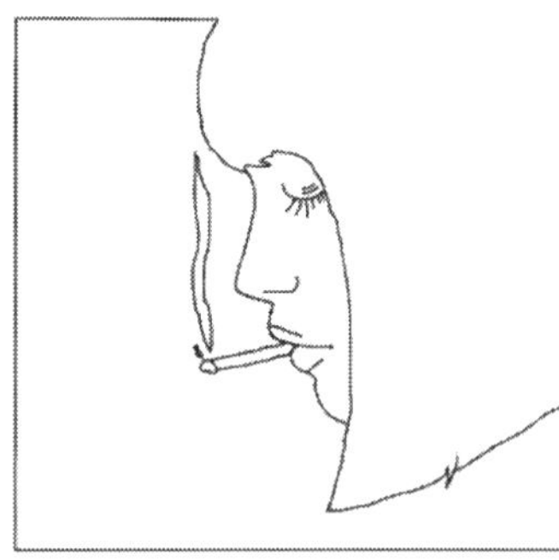

Wir ignorieren uns,
obwohl wir beide wissen,
dass wir uns nicht egal sind.

- koray tektas

ES WIRD WEH TUN

Es wird weh tun und dir das Herz zerreißen.

Und auch wenn es dir unglaublich weh tut,
wirst du irgendwann merken, dass Abstand das Beste ist,
um über jemanden hinweg zu kommen.

Und das musst du, egal wie sehr du diese Person liebst.

Und das wirst du auch,
egal wie unmöglich es dir jetzt erscheint.

- koray tektas

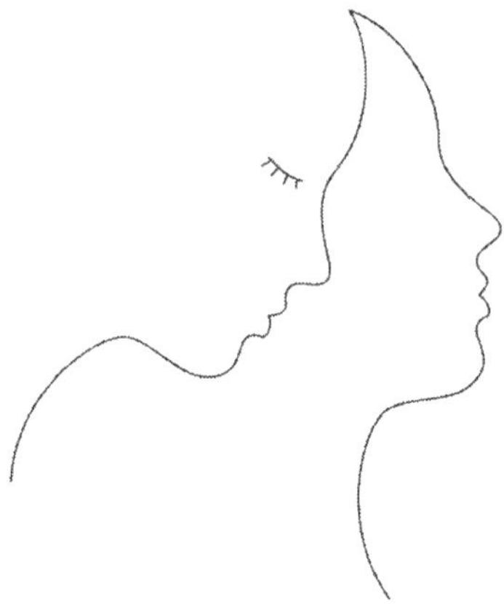

Ich werde nicht sagen,
dass du mich nicht verstanden hast.
Du hast mich verstanden.

Und obwohl du mich verstanden hast,
hast du mein Herz brennen lassen.

- koray tektas

Das Schöne ist, ich muss dich nicht töten,
damit du für mich gestorben bist.
Das hast du mit deinem Verhalten schon selbst getan.

- koray tektas

In deinen Augen sehe ich wie enttäuscht du bist.
Enttäuscht von dir selbst.

- koray tektas

Wenn du glaubst,
dass alles zu fühlen schlimm ist,
warte ab, bis du absolut nichts mehr fühlen kannst.

- koray tektas

Worte können wehtun,
aber nichts ist schlimmer,
als von einem Menschen ignoriert zu werden,
den man liebt.

- koray tektas

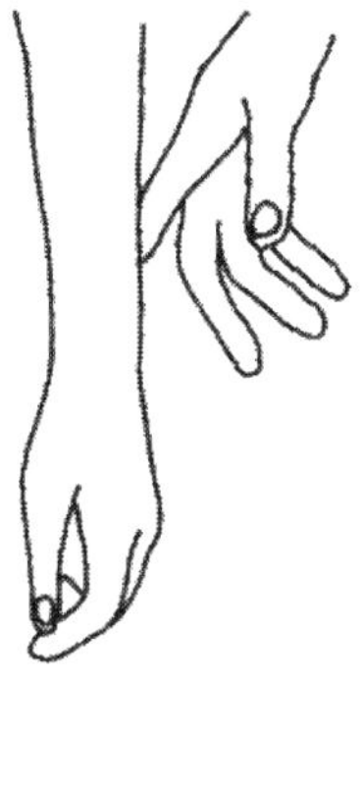

Ich bin so oft gefallen,
dass es schon nicht mehr weh tut.

Ich bin schon so oft enttäuscht worden,
dass ich mich nicht wundere,
wenn Menschen falsch sind.

Ich bin so oft mit Lügen glücklich gemacht worden,
dass mich die Wahrheit nicht mehr traurig machen kann.

- koray tektas

Jeder von uns hat dieses eine Erlebnis,
das uns verändert hat,
das uns zu dem gemacht hat, was wir heute sind.

- koray tektas

UNZÄHLIGE FEHLER

Ich habe unzählige Fehler gemacht und mich eine
Ewigkeit dafür gehasst.

Doch es heißt, dass die Fehler,
die wir machen, nicht bestimmen, wer wir sind.

Es ist die Art, wie wir mit unseren Fehlern umgehen.
Unsere Einsicht darüber, dass das, was wir getan haben,
falsch war.

Das schlechte Gewissen, das uns plagt.
Es ist unsere Entscheidung dazu, es wieder gut zu
machen. Dazu, es das nächste Mal besser zu machen.
Unsere Einstellung zu unseren Fehlern ist es,
die bestimmt, wer wir sind.

Fehler machen einen guten Menschen nicht schlecht,
genauso, wie ein paar gute Taten einen schlechten
Menschen nicht gut machen.

Allein die Enttäuschung sich selbst gegenüber,
für einen Fehler, den man begannen hat, ist Beweis
genug, dass man kein schlechter Mensch ist.

Hass dich nicht für deine Fehler,
lass deine Fehler nicht bestimmen, wer du bist.

Bestimme selbst, wer du gern wärst und dann sei es.

- koray tektas

Manchmal braucht die Person,
die für alle anderen da war,
jemanden, der für sie da ist.

- koray tektas

Ich bat Gott darum, mich vor Feinden zu beschützen,
plötzlich fing ich an, Freunde zu verlieren.

- koray tektas

Wenn dich deine Vergangenheit ruft,
antworte nicht.
Sie hat dir nichts neues zu sagen.

- koray tektas

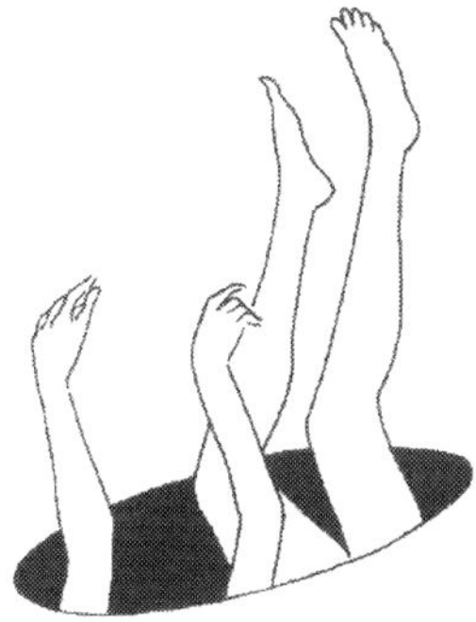

Liebe heißt,
einer Person die Macht zu geben,
dich zu zerstören,
doch darauf zu vertrauen,
dass sie es nicht tut.

- koray tektas

WIR ENTSCHEIDEN

Wir allein entscheiden,
von wem wir verletzt werden,
denn wir suchen aus,
wessen Worten wir Bedeutung schenken.

- koray tektas

SCHON SO LANGE

Du bist weg.
Schon so lange, dass ich deine Stimme vergessen habe.

Schon so lange,
dass ich mich nicht mehr daran erinnern kann,
wie du riechst.

Schon so lange, dass ich nicht mehr weiß,
wie es sich angefühlt, bei dir zu sein.

Du bist schon so lange weg, dass es sich falsch anfühlt,
dich manchmal noch zu vermissen.

- koray tektas

Wenn du deine Augen,
von anderen nicht weglassen kannst,
brauchst du meine gar nicht erst suchen.

- koray tektas

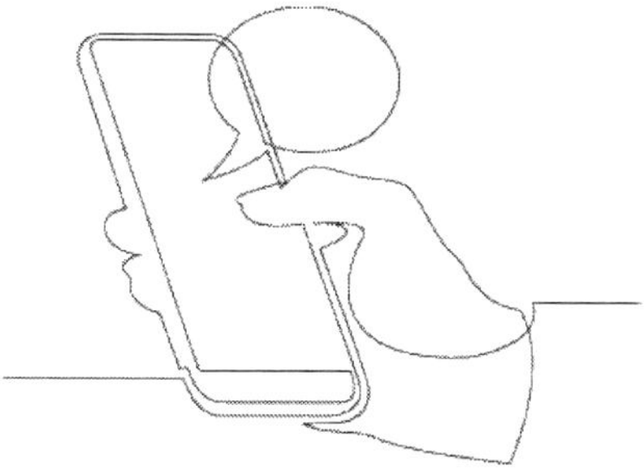

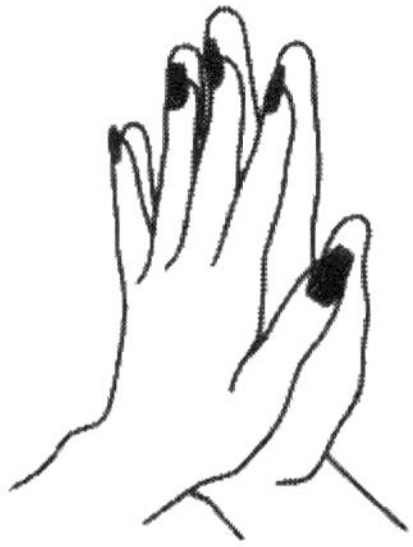

ICH VERTRAUE DIR

Sei stolz darauf, wenn ich dir sage,
dass ich dich brauche.

-

Ich tue alles was ich kann,
um nie von irgendjemandem abhängig zu sein,
um niemals Schwäche zu zeigen.
Wenn ich dir also sage, dass ich dich brauche,
bedeutet das, dass ich dir vertraue, mich aufzufangen,
wenn ich falle.

- koray tektas

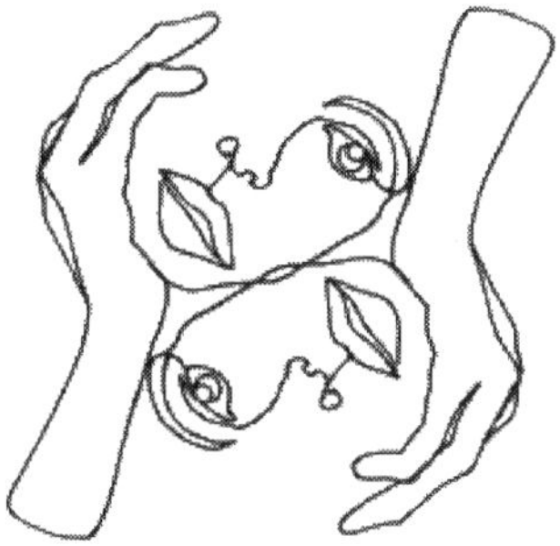

„Ihr redet von Ehre aber bleibt nicht treu."

- koray tektas

ZEIT

Ich glaube,
es wird noch ewig dauern,
bis ich mit allem abgeschlossen habe.

Es wird noch seine Zeit brauchen,
bis ich an dich denken kann, ohne dass es weh tut.

Irgendwann werde ich über alles hinweg sein
und die Erinnerungen daran,
werden immer mehr verblassen,
bis ich sie irgendwann gar nicht mehr sehen kann.

Es wird noch eine Weile dauern,
denn du warst meine Hoffnung
und hast mich somit mehr verletzt als jeder andere.

Ja, ich werde meine Zeit brauchen,
aber ich werde nicht mehr zulassen, dass ein Mensch,
der mich nicht verdient hat,
noch eine Rolle in meinem Leben spielt.

- koray tektas

WIRKLICH VORBEI

Als ich das Lächeln in deinem Gesicht gesehen hab,
ist mir klar geworden, dass es wirklich vorbei ist.

Dass es keine Hoffnung mehr für uns gibt.
Und endlich habe ich begriffen,
dass ich auch glücklich sein kann, so wie du.

Dass mein Leben weiter geht, so wie deins.

Ich vergebe dir, egal wie sehr du mich verletzt hast.
Ich werfe all den Schmerz und den Hass,
aus meinem Herzen.

Ich sehe der Zukunft lächelnd entgegen.

Ich bin wieder ich selbst.
Ich bin wieder zufrieden.

Du bist nicht mehr bei mir und weißt du was?
Es ist okay.

- koray tektas

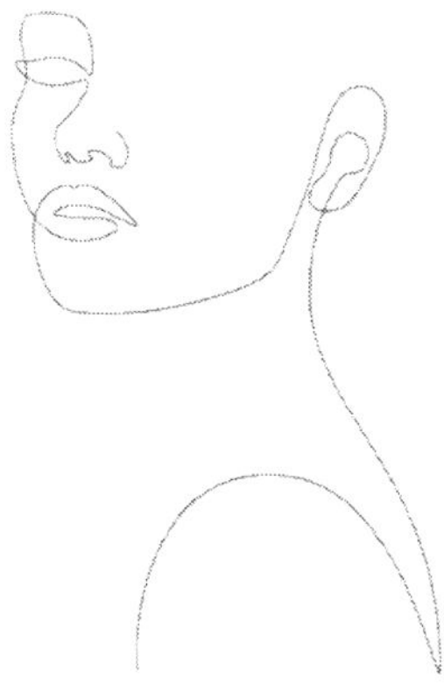

UNENDLICH DANKBAR

Du hast mich verlassen und ich sehe erst jetzt,
wie gut das war.

Wie richtig.
Wie wichtig für mich.

Du hast mich verlassen und mir die Chance gegeben,
jemand besseres zu finden.

Jemanden, der mich wirklich schätzt.

Jemanden, dem es die Mühe wert ist.

Du hast mich verlassen und dafür,
bin ich dir unendlich dankbar.

- koray tektas

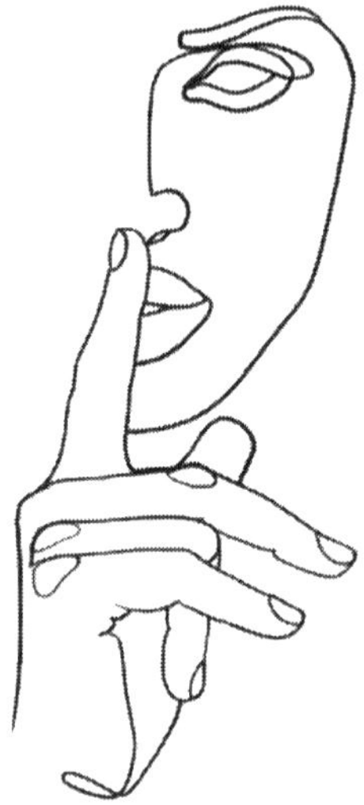

Warten tut weh.
Vergessen tut weh.
Aber nicht zu wissen, was von beidem man tun soll,
ist eine der schrecklichsten Arten zu leiden.

- koray tektas

LOSLASSEN

Loslassen bedeutet nicht,
dass du nicht weißt,
wie man einen Menschen festhält.

Es bedeutet einfach,
dass du akzeptierst hast,
dass man nicht jeden Kampf gewinnen kann.

Egal, wie sehr du es auch versuchst.

Manche Dinge sollen eben einfach nicht sein.

- koray tektas

WAS IST, WENN...

Plötzlich wird der Mensch, den du kennst,
zu einem Menschen, den du kanntest.

Du schaust ihn an,
doch siehst in ihm nicht mehr den Menschen,
der er mal war.

Die Zeit hat zu viel verändert.

Zu viele Dinge,
die nicht mehr rückgängig gemacht werden können.

Du redest dir ein, dass er wieder der Mensch wird,
den du geliebt hast, aber was, wenn du dich täuschst?

Was ist, wenn die Zeit gegen dich ist
und dir diesen Menschen schon lange genommen hat?

Was ist, wenn er nicht mehr der Mensch ist,
den du liebst und es diesen Menschen
auch nie mehr geben wird?

Was ist, wenn er gegangen ist und nie wieder
kommen wird?

- koray tektas

TRAURIG, ABER WAHR

Irgendwann kommst du an den Punkt,
an dem du realisierst, dass wirklich nichts für immer ist.

Selbst die Freunde, von denen du dachtest,
dass sie dich für immer begleiten, werden dich verlassen.

Menschen, die du jahrelang kanntest,
werden irgendwann nur noch flüchtige Bekannte sein.

Selbst deine engsten Vertrauten,
mit denen du so viel erlebt hast,
werden dich irgendwann fallenlassen.

Es klingt traurig, aber es ist wahr, nichts ist für immer.

- koray tektas

FRIEDEN

Endlich habe ich Frieden gefunden.

Ich bin nicht mehr wütend auf dich oder
enttäuscht von dir.

Ich habe losgelassen und es fühlt sich so gut an.

- koray tektas

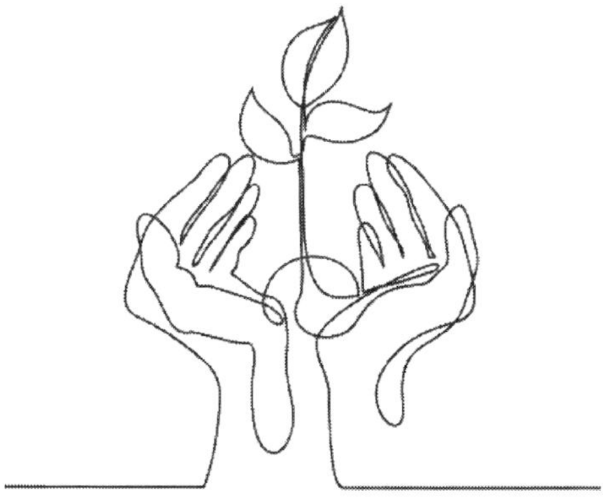

ZU ENDE

Am Ende warst du
doch nur ein Name aus einem Kapitel von hunderten.

Von einem Kapitel, dass es nicht wert ist,
noch einmal gelesen zu werden.

- koray tektas

DANKSAGUNG

Vielen Dank, dass du das Buch gelesen hast.
Wenn es dir gefallen hat, würde ich mich riesig über eine Rezension auf Amazon freuen.
Vergiss nicht, dieses Buch deinen Freunden weiterzuempfehlen!

Koray Tektas

Printed in Poland
by Amazon Fulfillment
Poland Sp. z o.o., Wrocław

91797400R00078